AF200593

Das Leben ist voller Weisheiten

Herzlichen Dank an Susanne für die liebevolle Unterstützung bei der Zusammenstellung dieses Buches

Ich bin ZYX

Der Schlaue mit Herz

Lebensweisheiten

Mike Brand

Bibliografische Information der Deutschen
Nationalbibliothek: Die Deutsche Nationalbibliothek
verzeichnet diese Publikation in der Deutschen
Nationalbibliografie, detaillierte bibliografische Daten
sind im Internet über http://dnb.dnb.de abrufbar

Originalausgabe 2019

Bilder
Pixabay

Textgestaltung
Susanne Brand

Herstellung und Verlag
BoD – Books on Demand, Norderstedt, Germany

ISBN: 978-3-7481-9324-1

Autor

Mike Brand ist 1960 in Basel geboren. Mit 23 Jahren wurde er selbständig und durchlief als Unternehmer eine abwechslungsreiche Laufbahn in verschiedenen Branchen. In den letzten 18 Berufsjahren war er in der Wiedereingliederung von erwerbslosen Menschen tätig. In Asien erlebte der Autor im Alter von 31 Jahren ein prägendes, intuitives Erlebnis, welches sein Leben veränderte. Seither beschäftigt er sich mit überirdischen und geisteswissenschaftlichen Themen.

Einleitung

Das Leben spiegelt die Weisheit oder ist es gerade umgekehrt und die Weisheit spiegelt das Leben? Solche Fragen stellten sich bereits die großen Meister der alten Mysterienschulen, welche in den Frühzeiten der Menschheitsgeschichte alles Geistige sammelten und in die nächsten Generationen hinübertrugen.

Ich bin der Ansicht, dass beide Aussagen stimmen, denn auf der einen Seite entstehen aus Lebenserfahrungen neue Weisheiten und auf der anderen Seite ist das Leben aus einer göttlichen Weisheit heraus so ausgestaltet, dass wir an den uns vorbeiziehenden Ereignissen wachsen können.

Die in diesem Büchlein aufgeführten Lebensweisheiten möchten ihre innere Welt der Gefühle positiv nähren.

Herzlichst, Mike Brand

Eine Botschaft können wir erst dann richtig verstehen, wenn wir uns für dessen Inhalt die notwendige Zeit nehmen

Sei zufrieden mit dem was du hast, denn sollte es anders sein, so hättest du mehr

Das Leben ist eine Chance und ich werde mich darum bemühen, dass ich auf der Sonnenseite leben kann. Ich weiß, dass ich dafür etwas tun muss, damit ich das erreiche, was ich mir wünsche. Ich werde auf meinem Weg aber immer darauf achten, dass ich nur nach dem strebe, was ich auch wirklich benötige. Alles was mehr ist würde ich sowieso wieder verlieren.

Unsere Lebensuhr schlägt nicht nach Stunden, sondern nach Erfahrungen

Das Leben ist voller Erfahrungen und all diejenigen, welche mich betreffen, gehören zu meinem Lebensplan. Mir ist bewusst, dass mein Leben nicht nur durch angenehme Erlebnisse bereichert ist, sondern ich werde auch Ereignisse erleben, welche mich aufrütteln oder verletzen werden. An diesen werde ich jedoch wachsen und damit meine Seelenreife erhöhen.

Die Vergangenheit kann uns nur einholen, wenn wir mit ihr nicht abgeschlossen haben

Wenn ich in meine Vergangenheit zurückschaue und dabei feststelle, dass gewisse Angelegenheiten noch unerledigt geblieben sind, weil ich damals aus den Situationen geflüchtet bin, dann habe ich zwei Möglichkeiten. Ich stelle mich in diesem Leben mutig den noch zu erledigenden Dingen oder ich verdränge sie, weil ich mich nicht mehr damit konfrontieren will. Mir ist dabei aber bewusst, dass all das Unerledigte in einem späteren Leben von mir mit all den betroffenen Seelenwesen zusammen nochmals neu angegangen werden muss.

Je mehr wir drängeln, umso länger dürfen wir warten

Wir wissen alle, dass morgen alles noch schneller gehen wird als heute und die moderne Technik uns dazu immer mehr Möglichkeiten erschaffen wird, damit wir zukünftig noch rascher zu den gewünschten Resultaten gelangen. Mir ist aber klar, dass ich dieses Streben, welches mit hohen Erwartungen verknüpft ist, nicht auf meine menschlichen Bedürfnisse übertragen darf. Da ich keine Maschine bin, würde mich ein solches Vorgehen nur lähmen.

Alles was wir an uns reißen, werden wir eines Tages wieder verlieren

Das kosmische Gesetz besagt, dass das was nicht zu uns gehört, abgegeben werden muss. Ich entnehme daraus, dass alles Materielle, welches ich durch ethisch-moralische und ehrliche Tätigkeit erworben habe, mein Eigentum ist. Dazu gehören auch alle finanziellen Werte, welche von anderen auf die gleiche Weise erworben wurden und nun durch eine Schenkung oder Erbgang an mich übertragen werden. Alle anderen Sachen, welche mit dunklen Absichten belastet sind, gehören nicht zu mir und werden mir eines Tages wieder genommen.

Es gibt viele die alles besser wissen, aber nur wenige, welche es wirklich wissen

Heute können fast alle Themen elektronisch abgerufen werden und so kann jeder Mensch relativ rasch und einfach zu Wissen gelangen. Mir ist jedoch bewusst, dass das wirkliche Wissen nicht über äußere Informationen erworben werden kann, sondern dass ich nur über eigene Erfahrungen zum richtigen Wissen gelangen werde. Diese daraus gewonnenen Erkenntnisse bilden dann mein persönliches Wissen, was aber noch lange nicht heißt, dass mein Wissen auch für andere stimmen muss.

Unsere Höhenflüge
enden immer mit der
Konfrontation unserer
Schwächen

Je grösser der Freundes-
kreis, umso kleiner die
gemeinsame Zeit mit
jedem einzelnen

Manchmal müssen wir Dinge tun, damit wir erkennen, was wir nicht mehr wollen

Ohne die Zeit gäbe es keinen Stress und ohne das Geld keine Armut

Bevor wir von anderen korrigiert werden, haben wir immer die Möglichkeit, uns freiwillig zu ändern

Zu oft schon befand ich mich in der ungemütlichen Situation, in welcher ich den Takt von anderen übernehmen musste. Unterdessen ist mir klar, dass wenn ich aufmerksamer gelebt hätte, mir dies nicht passiert wäre. Nun achte ich bei meinen Handlungen vermehrt auf die Reaktion meiner Umgebung, welche mir spiegelt, ob ich auf dem richtigen Weg bin.

Manchmal spiegelt die Liebe nicht das erwartete, sondern die Herausforderung, an welcher wir wachsen sollen

Ich ziehe im Leben unbewusst all dasjenige an, welches mich bei meinem seelischen Fortkommen unterstützen soll. Dabei handelt es sich nicht immer nur um angenehme Sachen, denn diese kann ich zwar genießen, jedoch nicht an ihnen reifen. Und so werden auch meine intimsten Beziehungen Eigenschaften aufweisen, welche nicht nur toll und angenehm sein werden.

Der Zweifel schützt uns vor Taten, an welchen wir verzweifeln würden

Durch meine bisherigen Lebenserfahrungen weiß ich unterdessen, dass ein innerer Zweifel immer die Sprache der Seele deutet. Ich fühle ganz genau, dass ich diesbezüglich meiner Seele vertrauen kann, weil sie mein innigster Freund ist. Aus diesem Grund vertraue ich meinem inneren Zweifel und prüfe genau, was er mir in den entsprechenden Lebenssituationen sagen will.

Zu oft begehren wir Sachen, welche dann, wenn wir sie haben, den Reiz verlieren

Ich lebe in einer modernen Zeit, welche durch Geschwindigkeit und Konsum geprägt ist. Was ich heute will, werde ich morgen bereits besitzen. Mir ist dabei bewusst, dass die großen Konzerne dieser Welt über intelligente und unsichtbare Wege so oft wie nur möglich versuchen, mein Konsumverhalten zur fördern. Ich will diesbezüglich nicht abhängig werden und achte darauf, dass ich mein Konsumverhalten immer wieder kritisch überprüfe.

Achte stets darauf, dass deine Begierden nicht dich steuern, sondern du sie

Jeder Mensch besitzt Begierden und oftmals sind es die unangenehmsten Gelüste, welche nur wir alleine kennen, die uns zu schaffen machen. Und da wir uns diesbezüglich schämen und mit niemandem darüber sprechen, werden diese Begierden innerlich immer mächtiger. Ich versuche, meine dunklen Seiten nicht zu verdrängen, sondern ich will ihnen verständnisvoll entgegentreten, damit sie sich auflösen können und mich nicht mehr belästigen.

Nur wer die Genügsamkeit erlernt hat, kann nachhaltig glücklich sein

Wenn ich in meinem Leben ehrlich zurückblicke, kann ich erkennen, dass wenn ich jeweils einen Wunsch befriedigt habe, sich bereits ein neuer angemeldet hat, welcher darauf wartete, von mir erfüllt zu werden. Und so war mein bisheriges Leben ein stetiges erfüllen von Wünschen. Je mehr ich lerne, meine zukünftigen Wünsche zu reduzieren, umso grösser wird meine innere Freiheit werden und umso glücklicher kann ich leben.

Reichtum macht nicht sorgenfrei, denn wer viel besitzt, hat auch viel zu verlieren

Angst haben nur diejenigen, welche einen Grund dazu haben

Je mehr wir an uns selber glauben, umso grösser ist die Anzahl der Neider

Unsere Erwartungen an die anderen zwingen diese, uns anzulügen

Wer sich nicht um innere Werte bemüht, wird leer bleiben und nichts mitnehmen können, wenn er diese Welt verlässt

Die heutige Konsumgesellschaft lebt von äußeren Geschehnissen getrieben, von Ereignis zu Ereignis. Dabei werden wir seelisch immer oberflächlicher und die Tiefgründigkeit interessiert uns immer weniger. Ich versuche daher, meine seelischen Kräfte zu stärken, indem ich mir immer wieder die Zeit nehme, in mich zu kehren.

Manchmal fragen wir uns, warum wir eigentlich hier sind. Die Antwort darauf gibt uns das Leben

Das Leben ist ein Spiegel der Seele und zeigt uns anhand der Herausforderungen, welche seelischen Eigenschaften wir in dieser Inkarnation entwickeln sollen. Je älter ich werde, umso deutlicher erkenne ich die Themen meines Lebens. Je aufmerksamer ich diesbezüglich lebe, umso mehr begreife ich die Gründe, warum ich dieses jetzige Leben mit dessen Umständen so gewählt habe.

Sehnliche Gedanken können dich beflügeln, echte Taten werden dich jedoch erhöhen

Vor jeder Handlung steht ein Gedanke und es gibt nichts Materielles auf der Erde, welches ohne die Gedanken entstanden ist. Ich erkenne, dass Taten und Handlungen ausschließlich aus Gedanken entstehen, denn ohne sie wären diese nicht durchführbar. Ich verstehe nun daraus die große Kraft der Gedankenwelt und achte darauf, dass ich nur noch positive und liebevolle Gedanken pflege und diese in Taten umsetze.

Wer prahlt um andere zu beeindrucken, entpuppt sich als Selbstzweifler

Die heutige Zeit ist stark geprägt durch die Ausbildung des Selbstbewusstseins. Es ist in der Evolutionsgeschichte eine Zeitperiode, in welcher der Mensch lernt, auf eigenen Füssen zu stehen. Dabei besteht die Gefahr, dass er sich zu einem gefühlskalten Egoisten entwickelt. Die ersten Anzeichen dafür sind Prahlereien, bei welchen er mehr sein will als er ist. Je mehr das Möchtegern vom Ist-Zustand abweicht, umso grösser wird der innere Selbstzweifel sein.

Wenn wir bereit sind zu verstehen, werden wir fähig loszulassen

Das Leben ist ein reger Fluss und es gibt nichts Unvergängliches in der Materie. Alles wird irgendwann, das eine früher und das andere später, nicht mehr bestehen und wieder zurück in das Geistige fließen. Ich bin mir bewusst, dass in meinem Leben stets alles in Bewegung ist und was ich jetzt habe und besitze, versteht sich als Leihgabe des Kosmos. So bin ich auch bereit, wenn die Zeit dafür gekommen ist, all jenes loszulassen, was mir als Leihgabe geschenkt wurde.

Vieles wirst du erst dann empfangen, wenn du nicht mehr danach strebst

Stets streben wir nach unseren Wünschen und wenn sich der eine Wunsch erfüllt hat, eifern wir bereits auf den nächsten zu. Ich erkenne, dass eigentlich viele meiner inneren Wünsche gar keine echten Bedürfnisse sind, sondern durch das Konsumverhalten genährt wurden. Wenn ich diese Wunschwelt in mir deaktiviere, stelle ich fest, dass mir ohne jegliche Anstrengung all jenes zufällt, welches ich benötige, um im Leben glücklich zu sein.

Oftmals erkennen wir
unsere Wunden erst,
wenn diese bereits
vernarbt sind

Alles was uns widerfährt,
will uns zum Handeln
aufrütteln

Verschenke nie etwas,
welches mit Erwartungen
verknüpft ist, sonst wirst
du nur enttäuscht

Konflikte erzwingen
Lösungen, welche dann
wieder neue Konflikte
auslösen

Alles was wir auf andere reflektieren, werden wir eines Tages an ihnen vermissen

Der Mensch lebt in einer Welt, welche er so wahrnimmt, wie er sie sehen will. Die Umgebung spiegelt mir verschiedene Bilder und ich wähle unbewusst immer nur dasjenige aus, welches ich benötige, um mich weiter zu entwickeln. Wenn ich mich infolge meiner Reifung innerlich verändere, wechseln auch die Bilder der Außenwelt. So werden alle Bilder, welche ich seelisch innerlich erwerben werde, in der Außenwelt verschwinden.

Wenn wir andere laufend verurteilen, werden wir eines Tages selbst damit konfrontiert

Im Zeitalter der Ausbildung der Ich-Persönlichkeit ist unsere innere Orientierung vorwiegend auf uns selbst gerichtet. Daher erstaunt es nicht, dass wir laufend andere Menschen verurteilen. Denn wir fühlen uns als Maß aller Dinge. Wenn ich so lebe, muss ich jedoch vom Gleichheitsgesetz her wissen, dass auch ich selber von den anderen laufend kritisch bewertet werde.

In tausend Spiegeln erkennen wir nur einen kleinen Teil von uns

Der Mensch ist ein viergliedriges Wesen. Er besteht aus dem fleischlichen Körper und den für uns nicht sichtbaren Elementen, Ätherleib, Astralkörper und Seele. Beim Betrachten unseres Selbst erfassen wir äußerlich nur die Form des Wesens und innerlich nur das Sinnesdenken, welches unsere Gefühlswelt prägt. All die anderen Elemente in mir kann ich nicht erkennen, weil sie sich für mich im unbewussten Bereich befinden.

Seelenverbindungen werden nicht auf der Erde geschlossen, hier leben wir sie nur aus

Alle unsere menschlichen Beziehungen während dem Leben, wurden bereits in der geistigen Welt festgelegt. Daraus erkenne ich, dass meine Großeltern, Eltern, Lebenspartner, Kinder und Freunde nicht einfach zufällig in meinem Leben sind oder waren, sondern deshalb, weil ich durch sie zu neuen Erkenntnissen gelange und dadurch reifen kann.

Das Leben ist wie eine Reise im Zug. Ohne Fensterplatz werden wir am Ziel nicht viel zu erzählen haben

Je mehr wir auf unserem Lebensweg einsammeln können, umso vielfältiger wird das Leben nach unserem Tode in der feinstofflichen Sphäre sein. Dabei geht es nicht um die Ansammlung von materiellen Werten, sondern von ethisch-moralischen Handlungen, schönen Erlebnissen und tiefgründigen Gefühlen, welche unsere Seele auf dem Erdenweg befeuern. Dies alles wird mich später in der geistigen Welt erhöhen.

All jene Herausforderungen, welche wir im Leben umgehen, werden wir in einer späteren Inkarnation nachholen müssen

Wenn wir geboren werden, ist der Lebenslauf, welchen wir durchleben sollen, bereits geschrieben. Ich bin mir bewusst, dass alle Beziehungen und Ereignisse in meinem Leben zu mir gehören und ich mit diesen meine Seelenreife entwickeln kann. Ich werde mit keinen Erfahrungen konfrontiert, welche nicht zu meinem Lebensplan gehören und entsprechend alle annehmen.

Wir kommen und gehen alleine. Alle jene, welche wir in der Zwischenzeit treffen, bereichern unser Leben

Beim Zuhören lernen wir andere verstehen

Erst im Sonnenlicht
erkennt man, dass die
Tränen der Traurigkeit
den edelsten Glanz
aufweisen

Wenn wir die Sehnsüchte
träumen, zeigt uns das,
was wir verpasst haben

Wer sich nicht an den kleinen Dingen erfreuen kann, wird das Große nie erleben

Die heutige Zeit spiegelt ein Konsum- und leistungsorientiertes Verhalten, geprägt durch viele Oberflächlichkeiten mit wenig Tiefgang. Dabei orientiert man sich nach Reichtum, Macht und Sicherheit. Ich achte darauf, dass ich auf meinem Weg nach oben nie vergesse, dass es die vielen kleinen Dinge sind im Leben, welche mir das Große möglich machen werden.

Je grösser die Erwartungen sind, umso seltener gehen sie in Erfüllung

Oftmals setzen wir eine viel zu große Hoffnung in die Erwartung, in unseren persönlichen Vorhaben von anderen Menschen unterstützt zu werden. Je höher diesbezüglich meine Erwartungshaltung ist, umso grösser ist meine Abhängigkeit von äußeren Ereignissen. Je mehr ich mich auf mich selbst verlassen kann, umso weniger sind meine Pläne von anderen beeinflussbar.

Es nützt nicht viel, wenn wir klagen, denn wir befinden uns genau dort wo wir hingehören, damit wir unseren Lebensplan richtig durchlaufen können

Das Menschenleben zeigt sich als ein großer Erkenntnisprozess, bei welchem sich die Seele erhöhen will. Mein jetziges Dasein besteht also nicht nur aus Glück und Zufriedenheit, sondern es ist auch mit Ereignissen und Situationen verbunden, welche nicht immer angenehm sind und ich als Lernprozess durchlaufen werde.

Wir sind nicht auf dieser Welt, um die Erwartungen von anderen zu erfüllen, sondern dass wir uns in unserer Berufung entfalten können

Jedes Menschenwesen besitzt eine innere Berufung, welche es im Leben verwirklichen kann. Zu oft werden die Menschen jedoch von anderen davon abgehalten, ihre innere Berufung anzugehen. Aus diesem Grund trenne ich mich von ungünstigen Konstellationen, welche mich hemmen, meine Berufung auszuleben.

Es gibt kein seelisch reiner Mensch, sonst wäre er nicht mehr hier auf Erden und im Himmel als Engel tätig

Die Menschheitsstufe beinhaltet unter anderem die Ausbildung der drei Seelenessenzen Erkenntnis, Verstand und Bewusstsein. Für die Entwicklung dieser Elemente benötige ich viele verschiedene Erdenleben, bis ich zur Engelsstufe aufsteigen kann. Bis dahin bin und bleibe ich ein unvollkommenes, lernendes göttliches Wesen.

Zur eigenen Person zu stehen ist oftmals schwierig, dies deshalb, weil wir anderen gefallen möchten

Das friedliche Zusammenleben erfordert gegenseitigen Respekt, Toleranz und Akzeptanz. Mir ist bewusst, dass diese edlen Werte den gemeinschaftlichen Zusammenhalt fördern. Ich achte jedoch darauf, dass meine persönlichen Werte der Gemeinschaft wegen nicht verloren gehen und ich zu diesen stehen und diese leben kann.

Je mehr Abhängigkeiten
wir erschaffen, umso
kleiner wird unsere
Freiheit der
Selbstbestimmung

Je kälter wir innerlicher
leben, umso stärker wirkt
der Egoismus

Wer seine Meinung als
die einzig richtige
betrachtet, wird ein
einsamer Eigendarsteller

Wenn wir unsere Freunde
vergessen, wird das
Alleinsein zur Qual

Wir werden die Welt erst dann verlassen, wenn all die für uns bestimmten Herausforderungen an uns vorbeigezogen sind

Unser gesamtes Leben beinhaltet unzählige von Lernprozesse. Viele davon werden wir freiwillig annehmen. Diejenigen, welche wir infolge der Bequemlichkeit wegen umgehen, werden uns in einem nächsten Leben wieder besuchen. Ich weiß, dass alle Herausforderungen, welche mir in meinem Leben begegnen, zu mir persönlich gehören und ich daran reifen kann.

Damit wir den Fortschritt richtig angehen können, benötigen wir manchmal vorgängig einige Rückschritte

Der Weg des Lebens hat viele Kreuzungen und nicht alle Pfade sind so ausgeschildert, dass wir den für uns richtigen Weg jeweils sofort erkennen können. So werden wir auch Wege wählen, welche nicht zu uns gehören. Aus diesem Grund achte ich stets auf meine innere Stimme, welche mich warnt, wenn ich einen fremden Pfad betrete.

Uns nicht passende Ereignisse deuten immer auf Herausforderungen, an welchen wir noch wachsen müssen

Nicht selten im Leben werden wir mit Situationen konfrontiert, welche wir nicht mögen und eigentlich nicht erleben möchten. Mir ist jedoch bewusst, dass genau diese Ereignisse es sind, welche mich mit persönlichen Lebensaufgaben und meinen mir nicht bekannten Schattenbereichen konfrontieren, damit ich seelisch reifen kann.

Wenn wir nur noch von Ereignissen getrieben durch die Welt hetzen, werden wir die Perlen des Lebens nie erblicken

Wenn wir vor lauter Bäumen den gesamten Wald nicht mehr erkennen oder infolge der prächtigen Wiese die einzelne Blume nicht mehr wahrnehmen, ist es an der Zeit, das Leben zu überdenken. Ich bin gelassen und achte darauf, dass ich mein Wesen in dieser technischen und faktenorientierten Welt nicht in mir selber verliere.

Mit Unwahrheiten öffnen wir den dunklen Mächten die Türe zur Seele

Auch wenn wir die feinstoffliche Welt mit unseren 5 Sinnen nicht wahrnehmen können, ist sie stets in und um uns herum. Mit lichtzuweisenden Gedanken und Handlungen öffnen wir das Tor zur Lichtwelt und mit lichtabweisenden Gedanken und Handlungen die Türe zur Dunkelwelt. Aus diesem Grund achte ich stets auf meine Gedankengänge wie auch auf meine Handlungen.

Oftmals werden wir zum Träger von Unwahrheiten, weil wir das Sagen von anderen weiterleiten

In dieser schnelllebenden Zeit wird über vieles berichtet, doch das meiste davon entspricht nur zum Teil der Wirklichkeit. Vom Hörensagen lernt man lügen. Wenn wir alles glauben was uns zu Ohren kommt, gehören auch wir zu denjenigen Menschen, welche unbewusst Unwahrheiten verstreuen. Bevor ich erworbene Informationen weiterverbreite, prüfe ich sie auf dessen Richtigkeit.

Alles was wir in den Jahren säen, werden wir im Alter ernten können. Aber nur dann, wenn wir das richtige Feld betreten

Wer an das Gute glaubt, wird unbewusst das Schlechte abweisen

Die Weisheit einer
Frau steht über der
männlichen Kraft. Aber
ohne Kräfte wäre die
Weisheit wirkungslos

Wer die Sicherheit mit
Geld erkauft, wird immer
unsicher bleiben

Wenn wir nur nach Geld eifern, werden wir davon nie genug haben, dass wir zufrieden sind

Das Geld besitzt eine unheilvolle Macht und wenn wir damit infiziert sind, wird die Gier nach mehr uns umgarnen, so dass wir den wahren Lebenssinn nicht mehr erkennen können. Ich verabscheue das Geld nicht, denn ich kann damit viel Gutes tun. Ich richte mein Engagement nicht direkt auf das Geld, sondern auf sinnstiftende Gegebenheiten, welche mich und andere glücklich machen.

Wenn wir nie zufrieden sind mit dem was wir haben, werden wir auch nie zufrieden sein mit dem was wir sind

Was ich heute habe, ist vielleicht morgen bereits nicht mehr da und was ich übermorgen erwerbe, werde ich in der nahen Zukunft vielleicht bereits wieder abstoßen. Ich erlerne die Bescheidenheit nur das zu mögen, was ich für ein praktisches Leben wirklich benötige und alles andere begehre ich nicht mehr, weil ich es für mein Leben nicht zwingend brauche.

Wenn wir nur das tätigen was wir auch verantworten können, wäre die Welt um einiges friedlicher

Der Drang nach der Selbstentfaltung führt uns immer wieder zu unüberlegten Handlungen, bei welchen wir uns maßlos überschätzen. Der daraus entstandene Schaden wird dann oftmals nicht von uns selber, sondern von der Gesellschaft getragen. Ich achte darauf, dass ich nur dasjenige sage und tätige, welches ich jederzeit auch selber verantworten kann.

Wir besitzen viele Masken und oftmals wird es schwierig, die richtige im entscheidenden Moment aufzusetzen

Das vielseitige Gesellschaftsleben verlangt von uns laufende Anpassungen an die entsprechenden Situationen, welche wir mit verschiedenen Charakteren ausstrahlen. Wenn wir mit uns alleine sind, senden wir nicht das gleiche Signal wie wir das tun, wenn wir unter vielen Menschen sind. Ich achte darauf, dass ich meinem wahren inneren Kern so oft wie nur möglich treu bleibe.

Wenn wir unsere Macht missbrauchen, werden uns andere Mächte entmachten

Wir streben nach Freiheit und Wohlstand und je mehr wir davon besitzen, umso grösser ist unsere Macht über die anderen. Ich achte darauf, dass ich meine positionell erworbene Macht nicht missbrauche und ich verhalte mich gegenüber den anderen Menschen stets ethisch-moralisch korrekt und lasse mich auch nicht dazu verleiten, es nicht so zu tun.

Deine Wahrheit ist die richtige, doch akzeptiere auch die Wahrheit der anderen

Jeder Mensch bildet sich durch Erfahrungswerte eine Meinungshaltung, welche er als Richtschnur für Entscheidungen anwendet. Da jedes Wesen einen anderen Erfahrungsstand aufweist, welcher auch durch die Empfindung und den Verstand geprägt ist, besitzen die Menschen verschiedene Meinungshaltungen. Ich stehe zu meiner Meinung, akzeptiere aber auch andere.

Es sind die vielen kleinen
Dinge die das Ganze zum
Leuchten bringen

Das Wissen ersetzt den
Glauben, der Glaube
verdrängt die Hoffnung
und die Hoffnung erlöst
das Suchen

Vieles verstehen wir
nicht, weil uns die Zeit
fehlt zuzuhören

Die edelsten Kräfte er-
zeugen wir nicht in den
Phasen des Hochgefühls,
sondern in den stillen
Stunden der Einsamkeit

Manchmal spielen wir das Opfer, weil wir uns nach Aufmerksamkeit und Verständnis sehnen

Nicht selten im Leben fühlen wir uns von den Mitmenschen unverstanden und wir versuchen dann mit Aufmerksamkeiten zurückzuholen, was wir an Mitgefühl verloren haben. Mir ist bewusst, je abhängiger ich mit meiner Gefühlswelt von anderen bin, umso anfälliger reagiere ich auf Kritik und Entzug von Lob und Anerkennung.

Eines Tages werden unsere Schattenseiten an der Türe klingeln. Wenn wir diese dann nicht öffnen, werden sie uns überfallen

Je tiefer wir unsere Schattenseiten in uns verbannen, umso schwieriger wird es, sie in unser Leben zu integrieren. Ich versuche vor allem in meiner zweiten Lebenshälfte, tief in mich zu horchen und meine dunklen Seiten aufzuspüren. Ich werde diese dann mit meinem inneren Licht verarbeiten und neutralisieren.

Wenn wir die Realität verdrängen, leben wir in einer Traumwelt. Wenn diese dann zerfällt, landen wir in einer selbstzerstörten Realität

Alle Enttäuschungen die wir erleben, zeigen uns auf, dass wir die Realität falsch eingeschätzt haben. Und manchmal ist es so, dass wir die Wahrheit gar nicht sehen oder wissen möchten, weil sie uns schmerzt. Ich achte darauf, dass ich mein Wahrnehmungsverhalten regelmäßig kritisch überprüfe.

Die erste Lebenstat eines Wesens ist das einatmen, die letzte das ausatmen. Mit seiner letzten Tat schließt sich der Kreislauf des Lebens

In der Minute atmet der Mensch durchschnittlich 18 Atemzüge. Das ergibt pro Tag 25'920 Atmungen. Die Zeit, welche die Sonne benötigt, um den Tierkreis zu durchwandern, dauert 25'920 Jahre und wird als platonisches Weltenjahr bezeichnet. Ich stehe als Mensch also in einem engen Verhältnis mit dem Kosmos.

Wenn wir unser Schicksal erahnen könnten, würden wir uns entsprechend organisieren und damit eine wichtige Lebenserfahrung vernichten

Auch wenn der Mensch sein zukünftiges Schicksal mit seinen erdlichen Sinnen nicht erkennen kann und es durchleben muss, kennt die Seele den Lebenslauf bereits, welcher der fleischliche Mensch in seiner Inkarnation durchlaufen wird. Nur so kann ich zu dem hin reifen, was ich in dieser jetzigen Inkarnation erreichen will.

Alles was von außen her an uns herangetragen wird, gehört zum Lebensplan. Das heißt nun aber nicht, dass wir dafür nichts tun müssen

All jenes, was ich in meinem Leben erlebe, gehört zu meinem Lebenslauf. Und da gibt es auch Lebenserfahrungen, welche mir fremd sind und ich noch nicht kenne. Weil mir in solchen Situationen die Erfahrung fehlt, muss ich mich in diese zuerst einüben, damit ich richtig handeln und daran reifen kann. Mein Leben ist ein Lernprozess.

Wenn wir das Leben begriffen haben, macht uns der Tod keine Angst mehr

Wir müssen mit der Zeit gehen, denn die Zeit hat keine Zeit auf uns zu warten

Genügsamkeit, Geduld und Nachsicht bilden das Tor zum inneren Frieden

Wenn wir im Leben nur nach Äußerlichkeiten streben, werden wir uns nie richtig kennen lernen

Du musst dir nie einen Vorwurf machen, wenn du denen hilfst, denen du kannst

Unsere nächste Inkarnation ist ein Spiegelbild dessen, wie wir in diesem Leben gelebt haben. Bin ich gefühllos und egoistisch unterwegs, werde ich im nächsten Leben von anderen erfahren, wie es ist, gefühllos und egoistisch behandelt zu werden. Lebe ich in dieser Inkarnation die Warmherzigkeit und Liebe, werde ich im nächsten Leben auf viele wohlwollende Menschen treffen.

Damit wir uns in Lernprozesse verstricken, dürfen wir nicht immer alles sofort erkennen

Die Seele steigt in einen Körper, damit sie sich im materiellen Umfeld der Erde entfalten und weiterentwickeln kann. In jedes Menschenleben spiegeln sich jedoch auch noch ungelöste, problematische Wirkungen aus Handlungen von früheren Inkarnationen. Um diese auszugleichen, werde ich in die entsprechenden Gegebenheiten und Situationen hineingestellt, ohne dass ich davon Kenntnis haben werde.

Erst im weisen Alter wird uns bewusst, wie wir durch Herausforderungen und Hindernissen reifen konnten

Je älter wir werden, umso grösser wird unsere Lebenserfahrung in diesem Leben. In unserem letzten Lebensabschnitt erhalten wir durch die Reife die Befähigung, auf unser Dasein zurückzublicken. Ich erkenne dabei, dass ich nicht nur an den großen Herausforderungen gewachsen bin, sondern auch die vielen kleinen Dinge mich viel stärker geprägt haben, als ich vermutet habe.

Die Vergänglichkeit der Materie zeigt uns immer wieder, dass beständige Werte nur im Seelischen zu finden sind

Alles was mit dem Erdlichen in einem Zusammenhang steht, ist vergänglich. Und da wir selber in diesen Verhältnissen leben, neigen wir dazu, diesen Umstand in unseren Überlegungen zu ignorieren. Hinter jedem materiellen Dasein steht eine sphärische Kraft, welche nicht zerfällt und zeitlich unbegrenzt bestehen bleibt. Ich stelle die Geistigkeit vor die materiellen Werte.

Die größten Lernprozesse sind diejenigen, bei welchen wir unsere dunklen Eigenschaften neutralisieren können

Jedes menschliche Wesen besitzt eine dunkle Seite, welche vorerst in den Schattenbereich abgeschoben wird. Im Laufe des Lebens wird sich das Verdrängte jedoch melden und ich erkenne es als etwas, was in meiner weiteren seelischen Entwicklung nicht zu mir gehören soll. Dann entwickle ich den Mut, mich ihm zuzuwenden und es in mir zur Bearbeitung aufzunehmen. Dadurch werde ich frei von meinen inneren dunklen Kräften.

Wenn wir das Glück erzwingen, werden wir am Unglück scheitern

Jeder Mensch wünscht sich ein Leben voller Glück. Glück ist jedoch nicht gleich Glück, denn wer Glück hat, darf das als ein Geschenk betrachten, welches er sich in einem der früheren Leben durch edle Taten erarbeitet hat. Ich erkenne daraus, dass ich das erdliche Glück nicht manipulieren soll und wenn ich es tue, wird mich das Pech heimsuchen und in einem meiner Leben wieder alles nehmen, was ich durch das erzwungene Glück erworben habe.

Unsere heimlichen Begierden spiegeln diejenigen Themen, welche wir bearbeiten, verstehen und auflösen müssen

Wenn dich niemand liebt so mach es selber, denn du hast es verdient

Wir sind alles tolle Schauspieler. Leider verstehen wir oftmals unsere Rollen falsch

Viele Wege führen ans Ziel. Deshalb benützen wir nicht nur einen

Weisheit ist erlernbar, dabei spielt die Zeit keine Rolle

Die Weisheit ergibt sich aus den vielen verschiedenen Lebenserfahrungen, welche wir erfolgreich durchleben konnten. Dabei misst sich der Erfolg nicht an Leistung und dergleichen. Sondern, wie wir die Lebensaufgaben seelisch und ethisch verarbeiten konnten. Meine zukünftigen Lebensaufgaben erwarte ich mit einer freudigen Gelassenheit und mit einer ethisch-moralisch geprägten Sichtweise.

Mit dem Alter denkt der Mensch ruhiger, weil er weiß, dass die Eile nichts einbringt

Bis tief ins Erwachsenen-Alter hinein ist das innere Denken geprägt durch Schnelligkeit und Effizienz. Erst im reifen Alter wechselt die innere Einstellung zu einer nachhaltigen Qualität. Dies deshalb, weil der Mensch im Alter erkennt, dass durch die schnellen Denkgänge immer wieder wichtige Kleinigkeiten übersehen werden und die daraus entstehenden Fehlerquellen später wieder behoben werden müssen.

Das Unbekannte fordert uns auf, die Normalität zu hinterfragen

Unser Verstandesdenken funktioniert rationell und was dieses nicht einordnen und verstehen kann, ist nebulös und unwirklich. Aus dieser Denkweise heraus entsteht die Normalität, dasjenige, welches gemessen und bewiesen werden kann. Um dem entgegenzuwirken, wird der Mensch in seinem Leben immer wieder durch die sphärischen Kräfte aufgerüttelt, damit er nicht in seinem Verstande erstarrt.

Sei ehrlich und kritisch mit dir selber, so wirst du ein erhabenes Vorbild für andere

Die Lebensweise eines Menschen und wie er denkt und handelt, spiegelt seine innere Seelenreife. Oftmals stimmt jedoch das Denken nicht mit dem Handeln überein und das zeigt sich in dekonstruktiven Kräften, welche eine innere Spannung erzeugen. Ich achte darauf, dass ich ehrlich zu mir selber bin und mir selber treu bleibe. Dabei richte ich mich aus nach edlen und schönen Grundsätzen.

Nimm dein Leben selber in die Hand, warte nicht bis es andere für dich übernehmen

Wenn wir aufmerksam durchs Leben schreiten, erkennen wir immer frühzeitig, wann und wo wir uns bewegen müssen, damit sich die Situation verändern wird. Wenn wir das nicht tun, werden wir früher oder später durch die anderen aufgeweckt. Dann jedoch werde ich den Weg einschlagen müssen, welcher mir von anderen Menschen vorgegeben wird.

Jeder Mensch sehnt sich nach Liebe. Was er aber meistens sucht, sind nur die abwechslungsreichen Zweisamkeiten

Der Mensch spiegelt ein Einzelwesen, welches sich nach harmonischer und intimer Zweisamkeit sehnt. Oftmals jedoch zeigen sich die nahen Beziehungen gefühlsmäßig als recht aufwendig, weil man auf ein Gegenüber eingehen muss und dieser Umstand hindert die Spontanität, welche vom Ego getrieben ist. Aus diesem Grund wählen wir lieber abwechslungsreiche Zweisamkeiten.

Unsere innersten Sehn-
süchte enden oft im Tal
der Enttäuschung. Dies
deshalb, weil wir diese
nicht in Taten wandeln

Die innere Ruhe
erreichen wir erst,
wenn wir unser Dasein
ausgeglichen leben

Früher warst du nicht der, welcher du heute bist und jetzt bist du nicht das, was du morgen sein wirst

Das Wissen erwerben wir über Mitteilungen, die Weisheit über eigene Erfahrungen

Alles was wir im Leben erwerben, werden wir, wenn die Zeit dafür gekommen ist, ab- oder weitergeben. Nur die Seele wird uns diesbezüglich treu bleiben

Wenn wir an einer Lebens-
prüfung scheitern, sind
nicht die anderen schuld,
sondern die Vorbereitung
dazu war zu mangelhaft und
wir werden das Versäumte
später nochmals nachholen

Hätten wir nur einen Tag im Leben, wahrlich, wir würden diesen anders pflegen

Manchmal schließen wir die Augen und meinen dann, dass uns niemand sehen kann

Der Traurige sieht oft nur
die trüben Sachen.
Der Freudige hingegen der
kann viel lachen.
Wenn Beide sich treffen
geht's jeweils g'schwind,
denn sie sehen ihr
Schattenbild

Der weise Mensch der weiß,
das Leben symbolisiert einen
Kreis.
Füllt er diesen aus mit Liebe,
erlebt er die anderen nicht
als Diebe

Im nächsten Leben sind wir vielleicht ausgesprochen intelligent, besitzen eine wunderschöne Ausstrahlung, sind finanziell unabhängig, wunschlos glücklich und bis in das hohe Alter bei bester Gesundheit.

Das ist unsere Chance in diesem Leben, um zu erfahren, wie es auch anders sein kann

Der Kosmos ist voller exzellenter Wesen. Doch nur auf der Erde kann man erfahren, wie schön es ist, Mensch zu sein

* * * * * * *

Herzlichen Dank, dass Sie dieses Büchlein erworben und gelesen haben.

Mike Brand